AF267172

M. ANNAT,

CURÉ DE LA PAROISSE SAINT-MERRY, CHANOINE HONORAIRE DE RODEZ ET DE PARIS, CHEVALIER DE LA LÉGION-D'HONNEUR.

Quod sumus professione, actione potius quam nomine demonstremus, ut nomen congruat actioni, actio respondeat nomini. (SAINT AMBROISE.)

Les curés sont des prêtres préposés au gouvernement des paroisses au même titre que les évêques au gouvernement des diocèses. Ceux-ci, en tant que représentant les apôtres, constituent le premier ordre des pasteurs de l'Église, et les autres, comme successeurs des disciples, forment le second ordre. Tous ont mission, dans les conditions respectives qui leur sont canoniquement assignées, de paître des troupeaux plus ou moins nombreux : spirituellement, en les moralisant par l'instruction ; matériellement, en leur venant en aide dans leurs besoins temporels, par tous les moyens que leur vigilante sollicitude peut leur suggérer. Dans son sermon sur les Pasteurs, saint Augustin, s'adressant aux fidèles qui l'écoutaient, s'exprimait en ces termes . « Nous avons deux qualités, l'une de chrétien, et l'autre de pas- » teur; nous sommes chrétiens pour nous-mêmes, » mais nous sommes pasteurs pour vous. » Par cette judicieuse distinction, le grand docteur faisait entendre à son auditoire que le titre de chrétien procure des avantages privés; tandis que celui de pasteur impose des devoirs qui intéressent les autres. Saint Bernard recommande aux pasteurs curiaux de paître leurs troupeaux de trois manières : par la parole, par l'exemple et par la prière........ Pierre de Blois veut qu'un curé soit le docteur des ignorants, le consolateur des pauvres, l'appui des opprimés, le père des orphelins, le protecteur des veuves..... Les conciles, les saints Pères, et, en général, tous les écrivains ecclésiastiques, s'expriment dans le même sens. Nous allons voir comment M. le curé de Saint-Merry comprend et applique ces enseignements de l'Église, fondés sur ceux de l'Évangile.

M. Annat (Pierre-Étienne) est né à Espalion, petite ville du département de l'Aveyron, en 1798, d'une famille honorable. Son père , homme d'intelligence et de savoir , occupa jusqu'à sa mort, survenue en 1822, des charges qui, en effet, exigeaient le concours simultané de ces qualités. Successivement maire, juge de paix, juge au tribunal civil et conseiller municipal, il exerça ces différentes magistratures avec une droiture et une équité dont la contrée garde et gardera longtemps le souvenir. Les nobles sentiments, au reste, semblent être un attribut traditionnel de sa famille, illustrée par son grand-oncle, le vertueux P. Annat de la célèbre compagnie de Jésus, provincial de son ordre en France et confesseur de Louis XIV, lequel préféra se retirer de la Cour et renoncer aux honneurs de sa haute position, plutôt que d'autoriser et d'excuser ce qu'on est convenu d'appeler les *faiblesses du grand roi*. Le P. Annat publia plusieurs ouvrages contre le Jansénisme, et il fut l'un des plus redoutables adversaires de cette doctrine hétérodoxe. Les coups vigoureux dont il la frappa le firent surnommer le *Marteau des Hérésies*. Pascal, le grand Pascal, en lui adressant deux de ses *Provinciales*, pour en atténuer la portée, nous est un témoignage certain du cas qu'il faisait de ses talents et de l'importance que Port-Royal attachait à son antagonisme. D'autre part, les mémoires contemporains rendent unanimement hommage aux vertus et au désintéressement du P. Annat. Le sceptique Bayle lui-même s'associe à ces éloges avec une franchise qui l'honore.

Pierre Annat, neveu du précédent, fut également un homme distingué par la science profonde dont il fit preuve dans son *Apparat méthodique de théologie positive*, en langue latine, ouvrage qui le fit élever, en 1700, au généralat de la respectable congrégation des prêtres doctrinaires, fondée par César de Bus, en 1616.

Qui sait, si la vocation instinctive de M. le curé actuel de Saint-Merry, arrière-neveu de ces deux célèbres personnages, ne devint pas ultérieurement irrévocable, par l'influence occulte du nom qu'il porte, et sur lequel il est destiné à répandre un nouveau lustre? — Il fit ses premières études au collége de sa ville natale et les compléta au grand séminaire de Rodez. Inutile de noter les succès scolastiques qu'il obtint dans ces deux établissements. Quand il s'agit d'esprits d'une certaine trempe, ces choses-là n'ont pas besoin d'être signalées en détail et avec commentaires explicatifs; on peut les conclure en toute sûreté, sans craindre de se tromper. Ordonné prêtre, en 1822, par M. de Lalande, évêque de Rodez, dont le siége épiscopal venait d'être rétabli; à peine M. Annat venait-il d'être revêtu du caractère sacerdotal, que ce prélat le nomma vicaire de sa cathédrale. Cette distinction, aussi honorable que subite, fut expliquée comme elle devait l'être, c'est-à-dire par le mérite connu du jeune ministre des autels. En 1827, il devint chanoine, et, en même temps, secrétaire particulier de l'évêque. Il paraît que dans cette nouvelle position, il rendit de nombreux services au diocèse. « D'une activité indomptable, d'une complaisance à toute épreuve , dit un biographe plus enclin, en général, à découvrir des motifs de censure que d'éloges, sa correspondance lui avait acquis déjà une réputation d'administrateur habile. M. Annat, c'est un témoignage qu'on lui rendra partout, n'usa de son influence que pour servir de rempart aux victimes de la malveillance ou de la calomnie, et pour calmer dans ces conjonctures les alarmes épiscopales, etc. »

La sortie de M. Annat de son diocèse, où son nom était honoré, où lui-même jouissait d'une légitime considération , se rattache à une circonstance particulière, qu'il importe de faire connaître, parce que la malveillance insinua, alors, que probablement des vues d'ambition l'avaient déterminée, comme si un ecclésiastique de son mérite n'aurait pas eu plus de chances de satisfaire cette ambition, en supposant son existence, sur le théâtre de ses premiers succès, qu'à Paris, où les prêtres instruits et capables sont si nombreux. Voici, sur ce fait, la vérité dans toute son exactitude. En 1830, M. de Lalande ayant été appelé à l'archevêché de Sens, ne voulut pas (on le conçoit) se séparer de son intelligent et pieux secrétaire ; mais la mort le surprit, à Paris, au moment où il se disposait à aller prendre possession de son nouveau siége. M. de Quelen, qui connaissait M. Annat de réputation et qui put lui-même vérifier tout ce qu'on lui avait rapporté d'avantageux sur son compte, saisit cette occasion pour l'attacher à son diocèse; il lui conféra spontanément le vicariat de *Notre-Dame-de-Bonne-Nouvelle*, où il fonda, en 1831, une association religieuse, dite *Réunion de persévérance*, dont il sera parlé en son lieu. Là, comme à Rodez, il se vit bientôt chéri et respecté de tous les paroissiens; là, comme à Rodez, ses sermons attiraient toujours la foule empressée à venir écouter sa parole nette, vive, colorée, qui a pour véhicule extérieur la sonorité d'une belle voix; pour effet moral sur les auditeurs un assentiment irrésistible aux vérités qu'elle proclame. Cette époque est le point de départ de la réputation d'orateur éloquent qu'il mérita et qui le fit remarquer, à ce titre, par M. de Quelen. Lorsque, en 1835, le prélat fonda à son église métropolitaine, les conférences annuelles de la chaire, institution dont les bienfaits auraient seuls illustré son épiscopat, si déjà il ne l'avait été à d'autres titres, la place de M. Annat se trouva marquée naturellement sur la même ligne que les Thibault, les Dupanloup, et ses talents oratoires se montrèrent alors avec un nouvel éclat. A propos de talents, Vauvenargues a dit qu'*ils étaient les plus sûrs protecteurs*. Cela est vrai, mais à la condition qu'ils soient favorisés eux-mêmes par le concours de circonstances propres à les faire apprécier et classer à propos. Ceux de

M. Annat ont eu cet avantage; ils l'ont porté d'emblée, après le court espace de cinq ans de vicariat, à l'une des cures les plus importantes de la capitale. Cette nomination ne provoqua aucune réclamation; elle fut même généralement approuvée comme un acte dont le caractère exceptionnel était pleinement justifié. Ici , sa sphère d'action s'élargit considérablement ; aux fonctions obligées du saint ministère viennent s'adjoindre une multitude de soins, de surveillances, de sollicitudes spirituelles et administratives qui, dans les grandes villes, font d'une paroisse bien gouvernée une sorte de petit diocèse.

A l'époque où M. Annat vint prendre possession de sa cure, en 1836, il succéda à deux pasteurs vénérables qui, par suite de leur âge avancé et de leurs infirmités, n'avaient pas l'activité nécessaire au gouvernement d'une grande paroisse. On voyait avec douleur la vaste basilique de Saint-Merry trop souvent presque déserte, même aux jours de grande solennité ; le nouveau pasteur en fut contristé, mais il ne s'en effraya point toutefois, et s'appliquant le conseil du grand apôtre aux Corinthiens (Epist. I): « Soyez vigilants , agissez cou- » rageusement et soyez pleins de confiance et de » force; faites avec amour tout ce que vous faites, » il ne tarda pas à en éprouver les bons effets. Ce n'était pas une petite entreprise que celle de faire rentrer au bercail tant de brebis égarées ou plongées dans une déplorable apathie. Mais les paroles de bienveillance et de mansuétude du ministre de Dieu eurent bientôt le retentissement qu'elles méritaient. On accourut pour les entendre, on se pressa autour de la chaire de vérité, et la foi revint au cœur de cette foule, et la Sainte-Table, la vit s'approcher pour y recevoir le *pain des anges*. Ceci exige quelques développements, et c'est à quoi nous allons satisfaire.

L'oubli des enseignements de la religion engendre chez les uns l'indifférence, et chez les autres l'incrédulité. M. Annat s'est résolument appliqué à combattre cet oubli par l'instruction, en la répandant à flots, toujours, sans cesse et sous toutes les formes. Là ne se bornent pas ses moyens d'action ; en même temps qu'il adoucit ou guérit les blessures de l'âme, il porte avec le même zèle des soulagements aux misères corporelles , dans la mesure des ressources dont il peut disposer, ou que par son concours il peut faire affecter à cette destination. M. Annat semble profondément pénétré de cette belle maxime qu'on trouve dans le *Pastoral* du pape saint Grégoire-le-Grand : « Jamais » la semence de la parole ne germe plus facilement » dans le cœur de celui qui écoute, que lorsqu'elle » est arrosée par l'effusion de la charité de celui qui » parle. »Telle est la marche qu'il a constamment suivie, et qui n'est d'ailleurs que la traduction en actes de ses inclinations naturelles, de ses devoirs de pasteur.

Plaçons-nous , dans l'exposé des faits démonstratifs de ce qui précède, à ce double point de vue, afin qu'on puisse en saisir mieux la corrélation, en même temps que l'influence simultanée, et par là les beaux résultats religieux et moraux qui ont été obtenus seront expliqués.

Et d'abord, pour avoir une idée de tout ce que M. le curé de Saint-Merry a fait pour répondre aux besoins spirituels des fidèles, pour leur faciliter les moyens de remplir leurs devoirs religieux et recevoir l'instruction chrétienne, il faut entrer un dimanche ou un jour de fête dans l'antique basilique. Combien on est édifié de cette succession non interrompue, et toujours variée, d'offices et de prédications, de six heures du matin à dix heures du soir ! Quel beau spectacle que ces nombreuses assemblées de paroissiens dont le pasteur bien-aimé encourage et soutient la piété par sa présence continuelle à tous ces exercices, avec une exactitude et une régularité qui déconcerteraient le plus fervent cénobite ! Une partie des prônes et des instructions sont habituellement faits par M. le curé lui-même. Il semble s'être imposé l'obligation d'observer à la lettre la recommandation de saint Paul (IIe épître à Timothée) de *presser les hommes à temps et à contretemps, sans jamais se lasser de les instruire.* Pour suffire à ces travaux vraiment apostoliques, il faut avoir une longue habitude de la chaire et être doué de la rare facilité d'élocution qu'on lui connaît. Peu d'orateurs, probablement, possèdent à un aussi haut degré la puissante faculté d'improviser, sans que les ressources de sa remarquable éloquence lui fassent défaut. On peut citer de lui de véritables tours de force (qu'on nous passe le mot) en ce genre. Nous l'avons vu un vendredi-saint monter en chaire pour remplacer le prédicateur de la Passion, arrêté par une indisposition subite dès les premières paroles de son discours, et jamais peut-être l'auditoire n'éprouva de plus vives émotions et ne se retira plus satisfait.

Quoique la religion chrétienne soit toute intérieure et toute spirituelle, dit Fleury, les fidèles étant de leur nature accessibles aux impressions des sens et de l'imagination, il faut aider à la piété par des choses sensibles, *par des secours extérieurs qui puissent*, suivant l'expression du Concile de Trente (sess. XXII — 5), *les élever à la méditation des choses divines*. Les images et les cérémonies conduisent merveilleusement à cette fin, que l'Eglise se propose dans leur emploi qui justifie ainsi leur immense utilité morale. Nous connaissons les sophismes par lesquels on a cherché à décrier ces usages du catholicisme. Ce n'est point ici le lieu de rappeler les raisons péremptoires qui en ont fait bonne et éclatante justice. Qu'il nous soit permis seulement de reproduire, à cette occasion, l'opinion peu connue et non suspecte d'un coryphée célèbre du philosophisme, sur la salutaire influence que les cérémonies de la religion exercent au-profit de la foi et de la piété. Voici comment Diderot en parle dans son *Essai sur la Peinture*. « Les absurdes rigoristes en religion ne connaissent pas l'effet dés cérémonies extérieures sur le peuple. Ils n'ont jamais vu notre adoration de la croix le vendredi-saint, l'enthousiasme de la multitude à la procession de la Fête-Dieu, enthousiasme qui me gagne moi-même quelquefois. Je n'ai jamais vu cette longue file de prêtres en habits sacerdotaux, ces jeunes acolytes vêtus de leurs aubes blanches devant le Saint-Sacrement, cette foule qui les précède et qui les suit dans un silence religieux, tant d'hommes le front prosterné contre terre; je n'ai jamais entendu ce chant grave et pathétique entonné par les prêtres et répondu affectueusement par une infinité de voix d'hommes, de femmes, de jeunes filles et d'enfants, sans que mes entrailles n'en soient émues, n'en aient tressailli, et que les larmes ne m'en soient venues aux yeux.... J'ai connu un peintre protestant qui avait fait un long séjour à Rome, et qui convenait qu'il n'avait jamais vu le souverain pontife officier dans Saint-Pierre sans devenir catholique. »

Cette juste appréciation des cérémonies du culte catholique, M. le curé de Saint-Merry l'a traduite dans les actes qui les constituent. Elles ont reçu par lui toute la pompe et toute la dignité dont elles sont susceptibles, si bien que, sous ce rapport, il est peu d'églises qui puissent être comparées à la sienne. Ici, il y a lieu de remarquer que M. Annat, en présidant à ces augustes cérémonies ou en officiant, conserve toujours dans son maintien aisé, dans sa démarche, dans ses mouvements et ses gestes, cette noble simplicité, si convenable au caractère sacerdotal. En le voyant, on dirait que ce beau caractère se reflète sur sa figure rayonnante de foi et de douce sérénité qui fait souvenir de ces paroles de l'Écriture : *On connaît l'homme à son regard et le sage à l'air de sa face.* »

L'instruction chrétienne des enfants est un soin tellement capital que le grand Bossuet se plaisait à le prendre lui-même dans sa cathédrale de Meaux, avec la douceur patiente d'un simple catéchiste. Ce soin, auquel est attaché l'avenir des familles et celui de la société en général, fut un de ceux dont se préoccupa davantage M. Annat, lorsqu'il eut été appelé au gouvernement de la paroisse. Personne n'ignore que nulle part les catéchismes pour les enfants ne sont faits avec plus de zèle et d'intelligence qu'à Paris. Toutefois, M. le curé de Saint-Merry est encore parvenu à ajouter une sorte de perfectionnement dans la manière de distribuer l'instruction religieuse à une classe d'enfants très nombreuse sur son territoire paroissial. Nous voulons parler de ces jeunes ouvriers qui n'ont pas le temps de fréquenter les écoles, occupés qu'ils sont pendant le jour, et même une par-

tie de la soirée, dans leurs ateliers ; ils ne peuvent
guère non plus suivre les catéchismes ordinaires
de la semaine. Il arrivait de là que la plupart d'entre eux ne pouvant être suffisamment instruits, se
voyaient privés de la grâce de la première communion, et, par conséquent, des notions indispensa-
bles de Dieu, du bien et du mal, du vice et de la
vertu. Le cœur du nouveau pasteur , ému de ce
triste état de choses, trouva dans son industrieuse
charité un remède efficace à la plaie morale qui
en était le résultat inévitable. Il institua, pour cette
classe intéressante d'enfants, un catéchisme spécial
qui est fait tous les dimanches dans un local particulier, avec un dévoûment digne d'éloges, par deux
prêtres de son clergé. Munis actuellement d'une
solide instruction, leur édifiante docilité est un sujet
d'admiration pour les paroissiens; tous les ans, une
centaine à peu près sont rendus aptes à être admis
au banquet eucharistique. Quel service le clergé en
général ne rend-il pas à la civilisation des peuples
et à l'ordre social, en moralisant ainsi ceux qui sans
lui n'auraient aucun autre moyen d'éducation et
seraient voués à une complète ignorance des devoirs de l'homme envers Dieu, envers le prochain,
envers la patrie ! C'est une œuvre pour laquelle nous
ne saurions trop lui témoigner de reconnaissance;
— car « la religion, lorsqu'elle s'empare du cœur,
» dit l'illustre évêque d'Hermopolis (*Conférences*
» *sur la Religion*, t. III), le pénètre de la pensée de

» la divinité, le rend capable de tous les efforts, de
» tous les sacrifices que peut demander la vertu,
» en le remuant avec force par les craintes et les
» espérances de l'avenir. »

Toujours pénétré de cette idée parfaitement juste, que c'est par l'instruction réitérée, incessante de la religion, qu'on fortifie son empire sur les cœurs, qu'on y entretient le feu sacré de son amour, M. Annat transporta à Saint-Merry l'institution dite *Réunion ou catéchisme de Persévérance,* qu'il avait fondée à l'église de Bonne-Nouvelle , comme il a été dit plus haut. Cette Société, dirigée par quelques ecclésiastiques de son clergé , a pour but de réunir tous ceux qui en font partie , hommes de tout âge et jeunes gens , dans un même esprit de charité et de persévérance religieuse, et de les unir par le lien d'une amitié toute fraternelle. La réunion a lieu tous les dimanches et fêtes d'obligation , après la messe d'une heure , dans la chapelle de la communion. M. le curé , en sa qualité de fondateur et de président, y fait habituellement sur les vérités dogmatiques et morales de la religion, une conférence qui est toujours écoutée avec un profond recueillement. Le produit de la quête, qui se fait à chaque réunion, joint aux dons volontaires des bienfaiteurs, est distribué, chaque semaine, à un certain nombre de pauvres et respectables vieillards, adoptés par elle. Ceux d'entre les sociétaires qui se distinguent par leur assiduité, leur esprit de piété et de charité, reçoivent des diplômes d'honneur, et M. le curé les gratifie, en outre, assez souvent, lui-même, de quelques bons livres. Cette œuvre est devenue une pépinière, si l'on peut ainsi parler, d'excellents et vertueux pères de famille, zélés à remplir leurs devoirs religieux, et qu'aux fêtes solennelles on voit se présenter à la sainte table, en communion générale, par plusieurs centaines.

L'Auvergne, province si éminemment fidèle à la foi catholique, est en possession immémoriale de fournir à la capitale la classe nombreuse des porteurs d'eau, charbonniers, ferrailleurs, frotteurs, etc. — Ces modestes travailleurs ou petits industriels y arrivent avec les mœurs pures, les habitudes chrétiennes dans lesquelles ils ont été élevés.

Mais bientôt, au contact des séductions que Paris offre à toutes les conditions, une partie notable de ces émigrants ne savent pas toujours y résister et mettent en oubli les enseignements pieux de leurs familles. Après un laps de temps plus ou moins long, ils retournent dans leurs montagnes, vicieux et corrompus, et y deviennent des sujets de scandales pour leurs concitoyens. C'est en vue d'amoindrir le plus possible les funestes effets de cet état de choses, que **M. Annat** a institué l'association dite *Œuvre d'instruction des Auvergnats*. Tous ceux qui habitent sur le territoire des différentes paroisses s'y sont fait ou peuvent s'y faire agréger. Ils se réunissent, tous les dimanches, en très grand nombre à Saint-Merry, dans la grande nef, pour assister ensemble à un office qui commence par les vêpres, et qui est suivi d'une instruction particulière , dans laquelle **M.** Annat s'attache à leur montrer combien les écarts de conduite déconsidèrent aux yeux du public, aux yeux de leurs compatriotes et de leurs parents, ceux qui s'en rendent coupables, et combien ils nuisent à leurs véritables intérêts, matériels et moraux. Ces admonitions agissent d'autant plus sur eux que c'est dans leur propre idiome qu'elles leur sont adressées. Si les Bretons, les Flamands, les Normands, les Méridionaux, qui se trouvent à Paris dans des conditions analogues, étaient réunis de la même manière, dans certaines églises, par des ecclésiastiques de leur pays, qui parleraient leur langue maternelle, qui connaîtraient leurs habitudes originelles et locales, quel bien incalculable n'en résulterait-il pas pour leur moralité, si étroitement liée à la conservation du produit de leurs pénibles labeurs ! Nous hasardons ici un vœu dont la réalisation serait vraiment digne des sollicitudes pastorales des respectables curés de la grande cité.

On a appliqué aux livres , et à juste raison, ce qu'un ancien a dit de la langue, instrument de la parole , à savoir que c'était la meilleure ou la

pire des choses, selon que les livres sont bons
ou mauvais, au point de vue de la morale. —
En effet, rien de plus dangereux que ces derniers, surtout pour les classes non suffisamment
instruites et prémunies contre les séductions d'une
phraséologie plus ou moins habilement sophisti-
que, qui flatte les passions sensuelles, pare le vice
de fleurs pour en dissimuler la difformité, et attaque
audacieusement les principes sacrés sur lesquels
repose l'ordre social. Mais, dans notre état actuel
de civilisation, la lecture est devenue pour tous un
besoin impérieux qui veut être satisfait. Ce besoin,
au reste, n'a rien que de louable en soi, puisqu'il
tend à favoriser le développement de l'intelligence,
et à agrandir le cercle de son activité naturelle,
qui la porte vers l'acquisition de connaissances
dont elle peut faire un usage utile et légitime. A
côté de cet immense avantage se trouve le grave
inconvénient qui vient d'être signalé; comment le
neutraliser, puisqu'il ne peut être détruit? en op-
posant à la diffusion des mauvais livres la diffusion des livres religieux, moraux et réellement
instructifs sur des matières agréablement variées,
et à la portée des lecteurs vulgaires. Par là, on
substitue au poison des uns la nourriture salutaire et bienfaisante des autres: c'est le but que se
sont proposé les fondateurs de l'*Association pour la
propagation des bons livres*, qui a pris naissance vers
la fin de 1846, dans le presbytère de M. le curé de

2

Saint-Merry. Cette association, dont l'idée première a été réalisée à Lyon, il y a quelques années,
est organisée de manière à pouvoir envoyer des
livres partout où les personnes qui en font partie
le jugent convenable, dans les familles, dans les
hôpitaux, les hôtels garnis, les ateliers, les
prisons, etc. En ce moment, la bibliothèque
paroissiale de Saint-Merry contient trente mille
volumes provenant d'achats ou de dons, et,
depuis son établissement, elle a communiqué
au dehors plus de six mille volumes, par l'entre-
mise des souscripteurs qui en répondent.

L'ignorance est incompatible avec le beau titre
de ministre des autels, en général. « Comme vous
avez rejeté la Science, dit le prophète Osée (IV.-6),
je vous rejeterai aussi, de telle sorte que vous
n'ayez aucune part aux fonctions de mon sacer-
doce. » La science est donc particulièrement in-
dispensable à un pasteur, puisqu'entre ses devoirs
multiples, celui d'enseigner est au premier rang.
M. Annat se trouve dans ces heureuses conditions.
Il est vigilant et zélé pour tout ce qui intéresse de
près ou de loin l'administration de sa cure, la régularité et l'exactitude des offices, la splendeur du
culte, la ferveur et la moralité de ses paroissiens;
et il unit à ces précieuses, à ces essentielles qualités celle qui met le sceau à leur influence, à leur
autorité : la science ecclésiastique. Il est surtout
profondément versé dans la théologie, *cette scien-*

ce des sciences, ainsi qu'on l'a définie et que Pascal appele le *centre de toutes les vérités*. Ses condisciples du séminaire connaissent ses premiers succès en ce genre. Nous savons que dans les conférences théologiques de son diocèse son mérite incontestable fut dans plusieurs circonstances solennellement constaté par l'illustre archevêque de Paris, juge éclairé en cette matière, et qui vient d'ajouter à l'auréole de la science la gloire du martyre.

Nous venons de noter les institutions paroissiales que M. le curé de Saint-Merry, a créées pour propager l'instruction chrétienne, ce ressort puissant de la piété, des bonnes mœurs et des observances religieuses. Il nous faut actuellement nous occuper des associations ou œuvres pies et charitables, proprement dites, dont il a également doté sa paroisse.

La rapide extension qu'a prise en France et à l'étranger la Société charitable de saint Vincent-de-Paul, en atteste suffisamment l'utilité. Elle peut être citée aujourd'hui au premier rang de toutes celles qui ont pour mission d'adoucir et de soulager les misères humaines, de venir en aide à tout ce qui souffre par les moyens multiples qu'emploie l'intelligente ardeur de tous ceux qui la composent, animés qu'ils sont de l'esprit du grandaint qu c cette belle association a choisi pour patron spécial. Eh bien! M. Annat, étant vicaire à Bonne-Nouvelle, fut un des principaux moteurs

de l'œuvre , en fondant une des deux premières Conférences, simultanément, avec celle de
Saint-Etienne-du-Mont. Aussitôt que le nouveau
pasteur fut arrivé à Saint-Merry, il s'empressa de
l'y établir, mais en l'organisant cette fois sur une
plus vaste échelle, et, dès lors, elle devint en quel-
que sorte la source et le type des Conférences
d'un grand nombre d'autres paroisses. Des jeunes gens instruits et pieux , auxquels se joi-
gnent d'autres personnes de tout âge, consa-
crent chaque semaine, et suivant que leurs oc-
cupations le permettent, quelques heures à visiter les familles qu'ils savent être malheureuses , pour leur porter des secours en rapport
avec leurs besoins ; de veiller à ce que les enfants de ces familles qu'ils protègent soient placés,
les plus jeunes comme apprentis dans des établissements industriels de leur choix , et les adultes ap-
pliqués à des travaux appropriés à leur force et à
leurs aptitudes. Les ressources des Conférences
paroissiales proviennent de la quête hebdomadaire
qui se fait entre tous les sociétaires de chacune
d'elles, dont le chiffre est laissé à leur volonté,—de
dons particuliers, de dons extraordinaires et du
produit d'un sermon de charité.

A Saint-Merry, ces ressources s'augmentent par
les offrandes généreuses de M. le curé. Nous avons
sous les yeux un compte-rendu de cette conférence
pour l'année 1847, et on y lit sans étonnement :

« Nous ne saurions passer sous silence deux dons
parvenus dans ces derniers temps à la société.
Mentionnons d'abord le cent bons de pain de deux
kilogrammes que notre pasteur s'empressa de nous
envoyer lorsqu'il apprit très indirectement les circonstances fâcheuses qui nous avaient obligés à ré-
duire nos distributions, et qui sont indépendantes
de trois cents nouvelles cartes, mentionnées au pro -
cès-verbal de notre dernière séance, dues à son
inépuisable charité. »

Après avoir mis en jeu les inclinations charitables
des hommes et des jeunes gens, M. le curé a étendu,
avec un égal succès, ce moyen aux dames pieuses
de sa paroisse, en organisant pour elles l'*OEuvre
de charité*, qu'il a placée sous la protection de la
Bienheureuse Marie de l'Incarnation, pour aller au
secours des pauvres les plus honnêtes et les plus
estimables de la paroisse. Plus de mille malheureux, soit vieillards, soit mères de famille, reçoivent, avec le pain de chaque jour, les douces consolations qui font supporter avec courage les pri-
vations et les misères de la vie. C'est ainsi que
M. Annat a su faire revivre l'esprit de saint Vincent
de Paul, dans une paroisse que cet apôtre de la
bienfaisance affectionnait d'un amour de prédilec-
tion. Ce fut en effet une des premières où il installa
les *Sœurs de la charité*, car c'est à cette même
église qu'il rassemblait fréquemment les dames qui
concouraient, par leurs libéralités, à la dotation ou

à l'entretien des établissements charitables dont
il fut le fondateur.

Saint-Merry est également la première paroisse de
Paris, et celle de Saint-Sauveur, supprimée depuis,
la seconde, où le grand saint transféra l'association nommée : *Œuvre des pauvres malades*, instituée
par lui, en 1617, à Châtillon-les-Dombes, près de
Trévoux. La paroisse, reconnaissante de ces fa-
veurs, l'adopta ensuite comme un de ses patrons,
et lui consacra une fête. M. Annat, à qui *rien de
tout ce qui intéresse l'humanité n'est étranger*, suivant
la célèbre maxime d'un ancien, a rétabli cette
œuvre pieuse, en la rajeunissant, il en a fait comme le développement complémentaire de la pré-
cédente; un certain nombre de dames qui ap-
partiennent à celle-ci, et qui, ayant plus de loi-
sirs que les autres, se sont spécialement vouées à la
visite des pauvres malades; dans leur angélique
dévoûment, ces dames ne reculent ni devant les
fatigues, ni devant les répugnances qu'inspire in-
volontairement le spectacle des misères qu'elles
vont soulager. Elles n'hésitent pas à s'asseoir, sur
un mauvais escabeau, au chevet des malades gi-
sants sur des grabats; elles les questionnent, avec
ce ton de douceur qui est dans leurs habitudes de
bonne éducation, sur la nature de leurs maux, sur
leurs moyens d'existence dans l'état de santé, re-
lèvent leur moral par de pieux encouragements,
par d'utiles conseils; prennent note de ce qu'on

leur répond, de tout ce qu'elles voient, et ne sor-
tent jamais de ces asiles de l'infortune sans y lais-
ser de quoi subvenir aux plus urgents besoins. Les
malades reçoivent ensuite les aliments et les
petites douceurs qui leur manquent ; en même
temps les dames procurent du travail aux enfants,
ou les placent de manière à être le moins possible
à charge à leurs parents. Il en résulte, au point de
vue religieux et moral, que la plupart de ces familles qui, auparavant, avaient mis en oubli les
devoirs chrétiens, y reviennent d'elles-mêmes, et
nul de ces malheureux, qui sent les approches de
la mort, ne néglige de faire appeler un ministre de
la religion, pour s'y préparer, muni des sacre-
ments. En un mot, pour résumer en faits le bien
qu'opère l'*OEuvre de charité*, dont celle *des Pauvres
malades* est le complément sectionnaire, ainsi qu'il
a été dit, ajoutons que, pendant l'hiver calamiteux
de 1846-1847, elle distribua près de 20 mille kilogrammes de pain et plus de 12 mille kilogrammes
de viande de boucherie aux indigents. D'un autre
côté , nous avons su par quelques paroissiens de
nos amis, qu'à la même époque le respectable curé
de Saint-Merry consacra au même objet d'assez
fortes sommes en secours pécuniaires. Cet acte, que
nous dévoilons indiscrètement , n'a pas besoin
de commentaire ; c'est toujours le bon pasteur qui
se souvient de la maxime de saint Grégoire de Na-
zianze : « Ne prêchez pas, dit ce grand docteur, ou

» commencez par prêcher d'exemple ; les meilleu-
» res leçons d'un peintre, ajoute-t-il métaphorique-
» ment, sont ses ouvrages. »

Quelle est cette réunion qui se tient les lun-
dis, à 9 heures du matin, à la chapelle de la Communion à Saint-Merry, écoutant, dans l'attitude
d'une respectueuse attention, l'ecclésiastique qui
a l'air de causer amicalement avec cet auditoire de
près de huit cents personnes des deux sexes ? Ce
sont des paroissiens indigents, particulièrement
recommandables par leur probité, leurs sentiments
de pieuse ferveur, auxquels M. Annat semble porter un intérêt tout spécial ; et cela doit être, puisqu'il s'est réservé le soin exclusif de catéchiser
cette portion de ses ouailles qu'il a constituée
sous le titre d'*Œuvre de la Sainte-Famille*. Indépendamment des instructions relatives aux vérités
de *la science de l'âme*, comme parle l'Ecriture, et
qui se terminent par une courte prière en com-
mun, il distribue à chacun d'eux, avant de se retirer, un secours pécuniaire suffisant pour les faire
vivre une partie de la semaine.

Quels sont ces groupes de jeunes filles, unifor-
mément vêtues qui, aux offices divins de l'église de
Saint-Merry, occupent, à droite et à gauche, les
places les plus proches du chœur, et dont les phy-
sionomies candides, la tenue modeste et recueillie,
répandent autour d'elles l'édification de la piété ?—
Ce sont de pauvres orphelines dont l'*Œuvre*, fon-

dée sous la restauration, est annexée au petit hospice paroissial établi dans le cloître en 1783, par
M. Viennet, alors curé titulaire, oncle de l'ancien
pair de France de ce nom. En 1830, les hauts
personnages qui la soutenaient ayant perdu leur
position, l'œuvre, depuis, déclinait chaque année,
faute de ressources suffisantes. Elle allait cesser
d'exister à l'époque où M. Annat fut appelé à la
cure de la paroisse. Il osa néanmoins prendre l'établissement sous son patronage direct,
le tout à ses risques et périls. Dire comment
il est parvenu à lui conquérir sa prospérité actuelle,
Dieu le sait. Ce qu'il y a de certain, c'est qu'aujourd'hui soixante orphelines de la paroisse y reçoivent une éducation convenable, y sont nourries,
habillées, exercées aux ouvrages de couture, et,
en général, à des travaux propres à leur sexe, sous
la direction surveillante des respectables sœurs de
charité attachées au petit hospice paroissial. Lorsqu'elles atteignent leur vingt-unième année, on les
marie à d'honnêtes artisans ou on leur procure des
moyens honorables de gagner leur vie, et elles
font ainsi place à d'autres. Voilà comment, selon
l'expression de saint Jérôme (*Epist. ad Nepotian*),
un véritable ministre de Jésus-Christ sait faire con-
corder la parole, la pensée et les actes : *Sacerdotis
Christi os, mens, manusque concordent !* Voilà comment un bon pasteur entend son ministère pour
que son troupeau le suive avec docilité dans les
voies où il a charge de le conduire !

Comparez maintenant ces procédés de la charité chrétienne à ceux de la philanthropie, que l'on préconise tant. La philanthropie, sans doute, fait du bien, répand des bienfaits matériels, parce qu'elle est instinctivement émue des misères de l'humanité. Ce sentiment-là est honorable ; nous en convenons. Mais elle est plus souvent déterminée à la bienfaisance par convenance de position, surtout lorsque le nombre de ceux qui souffrent les rend dangereux à la paix publique. Elle distribue alors des secours abondants devenus nécessaires pour conjurer le péril social : c'est de la prudence, de la politique, de la générosité intéressée, c'est-à-dire de l'égoïsme ; ce n'est pas de la charité. Et puis quelle froideur dans les formes que revêt la philanthropie dans ses aumônes! se met-elle directement en contact avec ceux qui en sont l'objet ? Nullement. — Va-t-elle découvrir dans la mansarde l'indigence ignorée qui se cache? Va-t-elle lui porter elle-même avec le pain corporel, le pain non moins précieux des consolations de la religion? Jamais. La philanthropie est une dame aux grands airs de protection et de supériorité ; elle se tient à distance de l'infortune qu'elle prétend soulager, en l'humiliant. La charité chrétienne, au contraire, en mère pleine de tendresse et de sollicitude de toutes les sortes, ne voit que des enfants, membres d'une même famille, qui est celle de Jésus-Christ ; elle les réchauffe tous dans son sein, les enveloppe tous de ce dévoûment d'amour qui, suivant la parole de saint Jean (Épist. I), fait demeurer Dieu en nous et rend la charité qui se confond avec son amour, parfaite en nous.

Toutes ces bonnes œuvres dans lesquelles se manifeste le zèle pastoral de M. Annat, le gouvernement déchu crut l'en récompenser par la décoration de la Légion-d'Honneur, qu'il lui conféra en mai 1839. En cette circonstance, le pouvoir se montra judicieux.

Avant M. Annat, il n'y avait à Saint-Merry que la confrérie de *la Vierge*, et celle du *Saint-Sacrement*, qu'un rescrit du pape Pie VII, en date du 22 avril 1805, y transféra de la paroisse supprimée de Saint-Jacques-la-Boucherie, en lui conférant le titre d'archi-confrérie. Par ses soins, le zèle des membres de ces associations se ranima; il suscita celui de beaucoup d'autres fidèles, à tel point, qu'au bout de quelques mois le nombre des agrégés en fut considérablement augmenté; il s'est toujours maintenu, et ces dévotions particulières continuent à être pratiquées avec ferveur.—Deux autres associations religieuses ont été introduites à Saint-Merry par M. Annat : la confrérie du *Sacré-Cœur* et celle de *Notre-Dame-du-Suffrage*, pour les âmes du purgatoire, dont l'archi-confrérie-mère existe à Rome depuis le XVIe siècle. L'érection de ces deux confréries, approuvée par M. de Quelen, fut confirmée par bulles du souverain pontife Grégoire XVI, la première au mois de mai **1838**, la seconde au mois d'août de la même année. Elles sont également, l'une et l'autre, dans un état florissant. Les prêtres de la paroisse qui sont chargés de la direction spirituelle de ces diverses associations leur font des instructions spéciales, à époques déterminées, dans les chapelles affectées à leur patronat respectif. Nous ne connaissons rien de plus touchant que la suite des prières solennelles et des cérémonies qui ont lieu tous les ans à Saint-Merry pendant *l'Octave des Morts*, qui attire un grand concours de fidèles. « Il est si doux de penser et de croire que lorsque la mort nous a séparés de ceux qui ont été l'objet de nos légitimes affections sur la terre, nous pouvons encore entretenir avec eux un commerce d'amitié et de bons offices. Par nos prières, nos communions, nos aumônes, et surtout par l'oblation de l'auguste sacrifice de nos autels, nous pouvons soulager leurs âmes, abréger leurs souffrances et hâter l'heureux moment de leur réunion avec Dieu (1).

En énumérant les fondations pieuses dont M. le curé de Saint-Merry a doté son église, nous ne devons pas oublier l'établissement du culte de la *Bienheureuse Marie de l'Incarnation*; cette sainte et illustre femme, née de la famille Avrillot de Cham-

---

(1) Paroles de M. Annat dans le réglement de l'archi-Confrérie de *Notre-Dame-du-Suffrage*.

platreux, et connue dans le monde sous le nom de
madame Acarie, y avait reçu le baptême. Morte
en odeur de sainteté, elle fut béatifiée par le pape
Pie VI par décret du 29 mai 1791. La solennité de
sa béatification eut lieu, le 15 juin suivant, dans la
basilique de St-Pierre au Vatican. Une cérémonie
analogue aurait dû se faire à l'église St-Merry, mais
diverses circonstances s'opposèrent à l'accomplissement de cet acte ; il était réservé à **M.** Annat de
faire exécuter les rescrits de **Sa Sainteté Grégoire XVI**, en date des **11** avril et **8** mai **1840**,
qui autorisent la célébration de cette béatification , pendant trois jours, à Saint-Merry. A cet
effet , une ordonnance de **Monseigneur** l'archevêque de Paris, en date du **15** avril **1841** ,
disposa qu'il y aurait , à cette église , un *triduo* solennel les **25, 26** et **27** du même mois ; que la relique de la Bienheureuse serait exposée, dans la
chapelle qui lui a été consacrée, à la vénération
des fidèles. — La cérémonie qui, dit-on, égala en
éclat celle de Rome dont il vient d'être parlé , at-
tira une immense affluence. Dès six heures du matin , les fidèles assiégeaient toutes les issues du
temple qu'on avait orné avec une magnificence
extraordinaire. Le dimanche, premier jour du *triduo*, à huit heures, le patriarche d'Alexandrie et de
Jérusalem disait la messe au chœur ; le même jour,
l'archevêque de Paris célébra pontificalement la
grand'messe. Le lundi, ce fut l'archevêque de Chal-

cédoine ; le mardi, l'évêque de Versailles. La plupart des curés de la capitale, des grands-vicaires,
des chanoines des diocèses voisins et beaucoup
d'autres ecclésiastiques, offrirent le saint sacrifice
dans les chapelles. L'enceinte de Saint-Merry of-
frit, durant ces trois jours, un spectacle des plus
touchants ; toutes les conditions s'y confondaient :
riches, pauvres, chefs d'ateliers, ouvriers, jeunes
hommes et vieillards, pères et mères de famille
avec leurs enfants, etc., s'empressaient de venir
honorer l'amie dévouée de toutes les misères, de
toutes les infortunes.

M. l'abbé Combalot prêcha le dimanche; dans un
discours où il déploya toutes les richesses de son
talent, il présenta Marie de l'Incarnation comme
un modèle à suivre pour l'enfance, la jeune fille,
la jeune mère, la veuve et la religieuse. —
Le second panégyrique fut prononcé le lundi par
M. Olivier, curé de Saint-Roch, qui venait d'être
récemment nommé évêque d'Evreux. avec cette
brillante facilité qui le distingue. Ce jour-là
deux prélats des plus illustres familles de Rome
assistaient aux offices. Dans la grande nef, au milieu des nobles parents de la sainte, était comme
caché un vénérable prêtre, l'abbé Auribeau, le
seul Français existant en ce moment qui eût été
témoin, en 1791, des fêtes de la Béatification à
Rome, avec mesdames de France, dont il devint,
plus tard, l'aumonier; il en pleurait de joie.

Le mardi, troisième jour , M. l'abbé Beautain occupa la chaire, et là, après quelques rapides aperçus sur la carrière si saintement parcourue par la bienheureuse Marie de l'Incarnation, il développa, avec cette supériorité d'argumentation qu'on lui connaît , la doctrine de l'Église sur le culte et l'invocation des saints. Le salut de ce dernier jour fut donné par Son Éminence le cardinal archevêque de Lyon. Chercher à peindre la joie pieuse dont rayonnait la belle figure de M. Annat pendant ces mémorables fêtes serait chose difficile. Ce qui l'est moins, c'est de constater qu'il saisit cette occasion d'enrichir son église d'un magnifique ostensoir et d'une châsse où repose la relique de la bienheureuse.

Indépendamment des restaurations religieuses et morales que la paroisse de Saint-Merry doit à son pasteur bien-aimé , nous avons à signaler les restaurations matérielles qu'il a réalisées. Son église était restée jusque là à peu-près dans le délabrement où l'avaient laissée les ravages révolutionnaires. Toutes les chapelles ont été réparées et embellies par ses soins; des travaux importants y ont été exécutés. A l'extérieur, le portail, gothique ou ogival, l'un des plus remarquables de Paris, et horriblement dégradé, a été rétabli dans son état primitif, avec ses merveilleuses broderies de pierre, et l'ensemble de l'édifice apparaît tel qu'il devait être à l'époque de sa cons-

truction, sauf son air de vénérable vétusté. Lorsqu'il fut rendu au culte, on retrancha une partie
des appartements qui dépendaient du presbytère;
mais, grâces aux bons rapports que M. Annat a
toujours conservés avec les autorités municipales
du septième arrondissement, il a récemment ob-
tenu la restitution des locaux retranchés. Par ce
moyen, il pourra offrir un logement convenable à
ses vicaires, ce qui n'est pas chose indifférente
dans une paroisse où se présentent fréquemment,
et à toute heure , des cas imprévus d'urgence qui
font réclamer les secours de la religion.

Jusqu'ici nous avons trouvé M. Annat voué tout
entier à son ministère curial dont témoignent tant
de travaux qui seront appréciés par nos lecteurs.
Mais les pures joies qu'il a dû éprouver au milieu
de leur accomplissement ont été troublées par des
contrariétés auxquelles il était loin, sans doute,
de s'attendre, et que notre qualité de biographe
impartial et consciencieux ne nous permet pas de
passer sous silence. M. l'archevêque de Paris, en
avril 1847, conçut le projet de détacher une section du territoire paroissial de Saint-Merry, pour
l'annexer à celui de Saint-Leu, sans considérer que
cette section était précisément l'une des plus rap-
prochées de la première de ces églises et consé-
quemment très éloignée de la seconde. —M. Annat,
dans un savant mémoire, sanctionné et publié par
le Conseil de fabrique démontra : que si les évêques,

dans certains cas d'évidente nécessité, prévus par
les canons, peuvent démembrer le territoire d'une
paroisse pour en ériger une nouvelle, sous certaines conditions et formalités requises, les dé-
membrements du genre dont il s'agissait ne sont
ni dans le texte positif, ni dans l'esprit des lois
canoniques et civiles. Ce mémoire, qui nous a
été communiqué par un fabricien, dut faire sur
l'esprit du prélat une impression profonde. Mais
ce qui trancha la difficulté d'une manière dé-
cisive, ce fut la démarche spontanée des paroissiens habitant les rues qu'on voulait distraire.
Ils protestèrent respectueusement et légalement,
mais avec unanimité, contre la mesure qui les
arrachait avec une sorte de violence à une
paroisse à laquelle leurs ancêtres avaient ap-
partenu pendant des siècles; à laquelle ils sont
eux-mêmes attachés par les liens les plus sacrés. Ils firent valoir, en outre, et avec une
égale force, que connaissant bien leur pasteur,
qu'ils regardaient comme un père, objet de leur
confiance et de leur affection, ils ne consentiraient
jamais à s'en séparer. Ces bons habitants compre-
naient instinctivement que les lois ecclésiastiques
ne permettent pas d'opérer des séparations oppo-
sées aux intérêts moraux et aux convenances locales des fidèles.

C'est dans les grandes circonstances, dans les
commotions politiques, au milieu des ravages des

épidémics et des malheurs publics qu'apparaissent avec éclat les nobles caractères, les généreux dévouements. Si , dans ces moments périlleux, les hommes faibles et timides se cachent ou prennent la fuite, les bons et courageux pasteurs, au contraire, savent exposer et sacrifier leur vie, s'il le faut, pour le soulagement et le salut de leurs frères.

Lorsque la formidable insurrection du mois de juin de la présente année 1848 eut éclaté, on vit M. Annat, pendant les courts intervalles où la canonnade et la fusillade n'étant que suspendues, recommençaient d'un instant à l'autre, se présenter aux barricades voisines, pour y présider à l'enlèvement décent des morts et des blessés des deux camps. Il faisait transporter ces derniers daus son église et son presbytère transformés en ambulance, pourvue de matelas, de couvertures, de linge, de médicaments et de tout ce qui est nécessaire en semblable occurrence. Tandis que les médecins et chirurgiens qu'il avait fait appeler, prodiguaient à ces malheureuses victimes de nos discordes les soins corporels de l'art, il les entourait, lui, de tous les secours spirituels, et ceux qui étaient mortellement frappés expiraient du moins résignés et pleins de confiance en la miséricorde de Dieu.

Dès que le sang eut cessé de couler et l'ordre rétabli, M. le curé voulut visiter la partie de son

territoire paroissial qui avait été particulièrement
exposée aux ravages de l'insurrection, pour porter
des paroles de consolation à tous ceux qui avaient
souffert durant les fatales journées. Nous n'essaie-
rons pas de décrire l'enthousiasme respectueux,
les vifs témoignages d'affection avec lesquels la
population entière l'accueillit partout sur son pas-
sage : une foule immense l'accompagna jusqu'à la
porte de son presbytère, sans qu'il lui fût possible
de se dérober à cette espèce d'ovation, qui n'était
au reste que l'énergique manifestation des sentiments de reconnaissance, inspirés par le courageux dévouement qu'il montra au milieu de la
sanglante et déplorable lutte. Revenu de l'émotion
que fit éprouver cette scène touchante à M. Annat,
sa première pensée fut de s'occuper à ramener la
bonne harmonie parmi les gardes nationaux du
voisinage, que la diversité des opinions sur les
événements qui venaient de s'accomplir avait
gravement troublée. Dans cette vue, il les
réunit tous le même jour, 27 juin, en un
banquet fraternel; il leur adressa à cette occasion et avec à propos, des exhortations chaleu-
reuses sur les avantages matériels et moraux
de la paix et de la concorde entre concitoyens;
ses conseils, empreints de l'esprit de douceur con-
ciliante, puisés dans les enseignements de la
religion, eurent un plein succès. — Tout le monde
se retira pénétré de gratitude pour le respectable

curé. Le lendemain **28**, sa sollicitude se porta sur l'état de pénurie où devaient se trouver certaines classes d'honnêtes ouvriers de son arrondissement dont les travaux avaient été nécessairement interrompus. Il envoya, dès le matin, à tous les chefs des diverses compagnies de la 7° légion de la garde nationale, un nombre considérable de bons de pain pour être distribués à ceux qu'ils croiraient les plus nécessiteux, etc.

Au moment où nous allions clore notre notice, une circonstance mémorable dans laquelle M. Annat, en sa qualité de curé paroissial, est intervenu, nous a paru mériter d'y être enregistrée, en ce sens surtout, qu'elle nous met à même de produire une preuve authentique à l'appui de ce que nous avons précédemment dit de son talent d'improvisation oratoire. Pour cela nous n'avons qu'à ouvrir le *Moniteur* du lundi **20** novembre, où nous lisons ce qui suit :

« Ce matin (dimanche 19 novembre), le quartier du quai Saint-Bernard et celui de l'île Saint-Louis étaient, ainsi que tous les dimanches et tous les jeudis précédents, visités par une foule immense qui attendait le départ des colons (le douzième). M. le ministre du commerce et de l'agriculture, les membres de la commission de colonisation, un assez grand nombre de représentants, revêtus de leurs insignes, plusieurs maires et adjoints, assistaient à cette imposante solennité. M. le curé de Saint-Merry s'y était processionnellement rendu avec son clergé, et un nombreux piquet de gardes nationaux de la 7° lé-

gion était venu y accompagner M. Christophe, lieute-
nant de cette légion, choisi parmi les colons pour porter le drapeau de la commune de Marengo (près de
Cherchell) . . . .
. . . . , ...

» M. le curé de Saint-Merry, avant de le bénir, a prononcé un discours animé du double amour de la religion
et de la République. Nous sommes heureux de voir le
clergé, si long-temps divisé avec les gouvernements qui
ont précédé celui-ci, comprendre de toutes parts que la
République doit rallier tout ce qu'il y a de puissant et de
durable parmi les hommes. Nous reproduisons entière-
ment les dignes et patriotiques paroles de M. le curé de
Saint-Merry.

« Mes bien chers Frères ,

» Ce n'est pas sans une vive et profonde émotion que
nous venons en ce jour vous bénir au nom de la religion
et de la patrie. Au moment solennel de votre départ, deux
sentiments contraires se combattent, pour ainsi dire,
dans notre âme : un sentiment de tristesse et de regret,
parce que nous vous aimons et qu'on ne se sépare pas de
ceux qu'on aime sans quelques déchirements de cœur ; et
un sentiment de confiance et de bonheur, parce que nous
avons foi au succès de l'œuvre que vous allez fonder. Oui,
mes bien chers Frères, nous croyons à votre prospérité futu-
re. Dieu fécondera vos travaux : les sillons que vous allez ar-
roser de vos sueurs vous réjouiront un jour par des mois-
sons abondantes ; vous rendrez à une terre, jadis l'une
des plus riches du monde, sa fertilité première , et , plus
tard, vous aurez la douce satisfaction de léguer à vos enfants un patrimoine honorable, fruit de votre dévouement pour eux et de votre courage.

» Partez sous la protection de Dieu : il vous préser-
vera de tout mal pendant votre voyage; il vous soutiendra
de son appui quand vous serez heureusement parvenus au
terme.

» Allez, pleins d'espérance et d'avenir , vous fixer sur

une terre que vous ne devez pas regarder comme une terre étrangère. L'Algérie, c'est une France nouvelle ; je dirai mieux, c'est une partie de la France, une province de plus ajoutée à nos antiques provinces. Vous y porterez, comme nous, et vous y honorerez, j'en suis sûr, le nom et le titre de Français, et, par là même, vous en conserverez tous les priviléges. Vous demeurerez unis à la mère-patrie comme une fille à sa mère, et si jamais on osait vous dire qu'elle pourra vous oublier ou vous abandonner, ne le croyez pas.

» Non, jamais la France n'oubliera ses chers colons d'Afrique. Jamais elle ne souffrira que vous soyez dépossédés, soit par l'ambition d'une nation rivale, soit par une nouvelle invasion des tribus barbares. Votre bravoure et votre patriotisme suffiront, sans doute, pour faire respecter vos propriétés, vos personnes et vos familles; mais si jamais vous aviez besoin d'un plus puissant secours, la mère-patrie, croyez-le bien, ne vous le ferait pas attendre, et si les dangers devenaient plus extrêmes, nous, prêtres catholiques, à l'exemple de saint Bernard et de Pierre l'Ermite, nous prêcherions, s'il le fallait, une nouvelle croisade ; l'amour de la religion et de la patrie enfanteraient de vaillants capitaines, d'invincibles soldats qui voleraient à votre défense ; et les nations ennemies ou jalouses apprendraient que la France se lève comme un seul homme quand il s'agit de l'honneur de son drapeau, des droits de ses légitimes conquêtes, de l'inviolabilité de son territoire et du salut de ses enfants.

» Allez donc, avec assurance, planter sur tous les points de l'Algérie notre glorieux drapeau national ; mais n'oubliez pas que la France, depuis quinze siècles, honore un autre étendard, un étendard divin, la croix, qui a civilisé les nations, affranchi les peuples et sauvé le monde. La Providence vous donne la noble mission d'aller l'arborer une seconde fois sur la terre d'Afrique. Ce signe auguste de nos saintes croyances, cet emblême sacré de la religion de nos ancêtres, vous le rendrez vénérable par votre fidélité aux devoirs du christianisme au milieu d'un peuple infidèle, égaré par les enseignements d'un faux prophète. Le peuple avec lequel vous allez vous confondre n'en est pas moins religieux jusqu'au fanatisme : il vous regarderait en pitié, peut-être même avec défiance et dédain, permettez-moi de vous le dire, s'il vous croyait impies ; s'il vous voyait sans temples, sans prêtres, sans prières, sans religion et sans Dieu.

» Mais non, bien aimés frères, nous avons de vous une opinion meilleure.

» Des temples, vous en aurez bientôt ; vous les construirez vous-mêmes : vos mains seront heureuses de les élever à la gloire du Dieu des chrétiens.

»Des prêtres, l'Église vous en donnera : un saint pontife vous attend au rivage pour vous mettre sous la houlette d'un autre pasteur.

» La prière, tous les jours vous la ferez monter humble et fervente jusqu'au trône de Dieu pour en faire descendre sur vous des bénédictions sans nombre.

» La religion, vous la regarderez comme votre sauvegarde, vous vous y attacherez par le fond de vos entrailles; elle sera votre guide et votre consolation, toujours et partout, à la vie et à la mort.

» Dieu, notre créateur et notre maître, vous le trouverez au-delà des mers comme sur votre terre natale, parce qu'il remplit tout par son immensité ; nulle part vous n'échapperez à son regard divin : partout il sera témoin de vos bonnes ou mauvaises actions, de vos combats, de vos triomphes ou de vos défaites.

» Si vous demeurez sous l'impression de cette grande pensée, votre vie au milieu des Arabes mahométans exercera sur eux la plus salutaire influence. Vous les préparerez doucement, et peu à peu, à la civilisation chrétienne ; vous les disposerez à recevoir un jour les lumières de l'Évangile ; vous leur ferez aimer son culte, sa morale, ses vertus, ses préceptes. Quand ils verront vos habitudes de famille, le mari plein d'amour et d'égards pour sa femme, la femme pleine de déférence et de tendresse pour son mari, les fils pleins de respect et de docilité pour leurs pères, les pères pleins de sollicitude et de dévoûment pour leurs enfants ; quand ils vous verront n'ayant tous qu'un cœur et qu'une âme, vous entr'aidant, vous prévenant d'honneur les uns les autres ; quand ils vous connaîtront bons, chastes, tempérants, justes, laborieux, charitables, patients au milieu de vos peines, ils seront forcés de vous admirer et bientôt ils ne pourront s'empêcher d'aimer une religion qui produit de telles merveilles.

» C'est ainsi que les vertus des premiers chrétiens gagnaient plus de disciples à l'Evangile que les prédications et les miracles des apôtres.

» C'est ainsi que vous gagnerez vous-mêmes tout un peuple à la vérité et à cette unité parfaite qui, dans une nation, est une source de paix et de prospérité, et le triomphe de la charité.

» Adieu, mes bien chers frères ; adieu, vous surtout qui étiez mes paroissiens bien-aimés. Si nous nous séparons, ce n'est pas pour toujours. Bientôt nous nous retrouverons ailleurs. Ce monde passe vite, la vie est bien courte ; mais après la vie présente, arrive la vie du ciel pour ceux qui travaillent à la mériter ; et là il n'y aura plus de larmes, plus de cris déchirants, plus de cruelles séparations. En attendant, je penserai souvent à vous comme un père pense à ses enfants. Je serai heureux de croire que vous conserverez vous-mêmes, pour votre pasteur, un filial souvenir ! Adieu ! Adieu ! »

» Les sentiments, les pensées qu'il a exprimés dans ce discours, ont tenu l'auditoire continuellement ému, et lui ont arraché à plusieurs reprises les témoignages les plus éclatants de son approbation. »

Ainsi, la vie si utilement remplie de M. le curé de Saint-Merry, considérée dans tous les actes qui la composent et que nous venons de développer, offre bien, ce nous semble, tous les caractères auxquels on reconnaît un véritable et bon pasteur.

P. Tremolière.

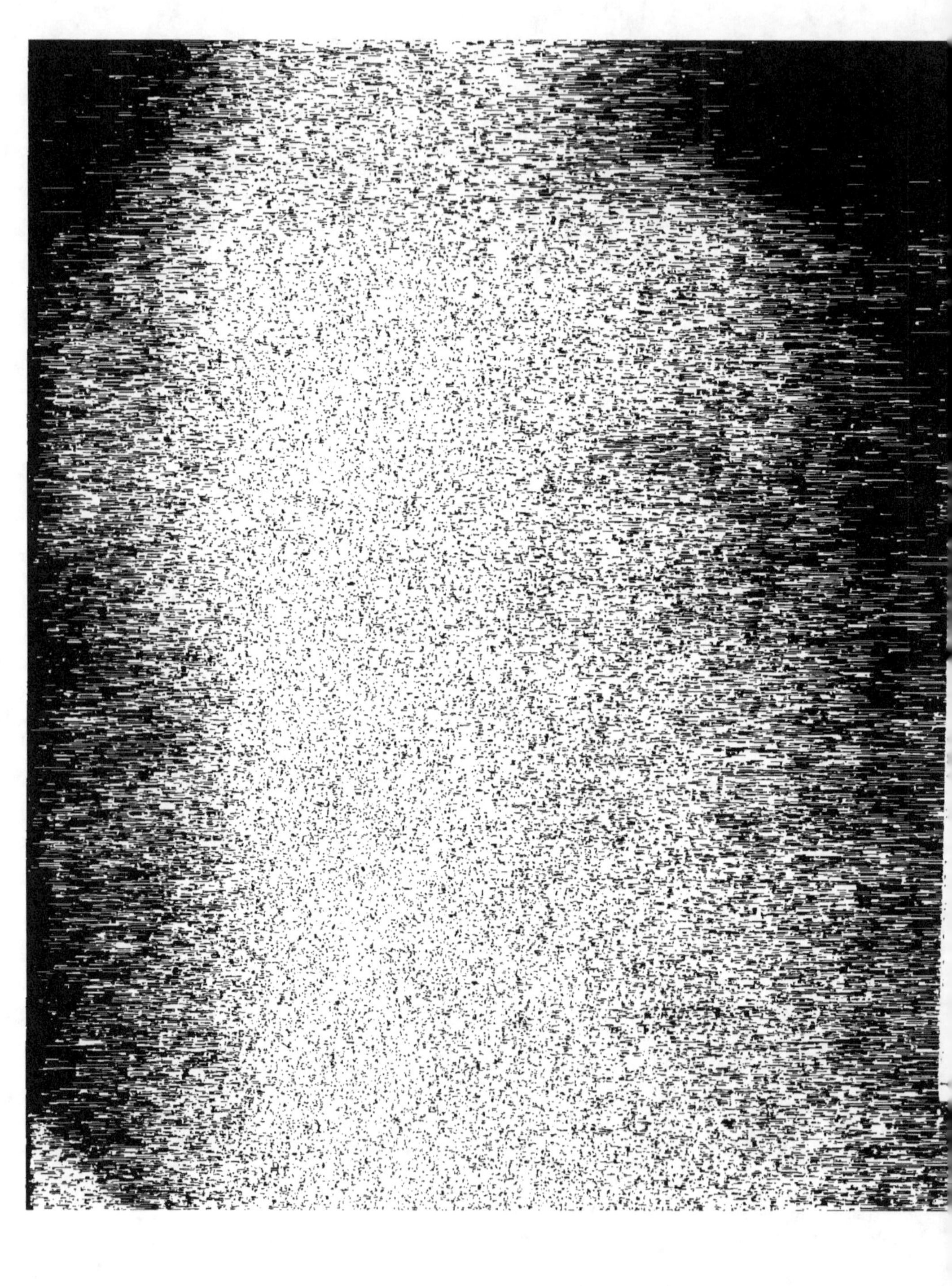